Alpenüberquerung Oberstdorf - Meran

auf der Panoramaroute der Bergführer

Impressum

Herausgeber: Klaus Schlösser, sl-Verlag
Höfatsweg 4 a, D-87477 Sulzberg/Allgäu
www.sl-verlag.de
Titelseite: Übergang am Similaun
Autor: Klaus Schlösser
Fotos: Andreas Tauser, Udo Zehetleitner (2), Klaus Schlösser (2)
Fachliche Beratung: Alpinschule Oberstdorf, Bachstraße 8, 87561 Oberstdorf
Druck: Graphische Betriebe J. Eberl KG, Kirchplatz 6, 87509 Immenstadt
ISBN 3-9806935-7-0

Bei schönem Wetter ist die sechstägige Alpenüberquerung eine leichte Bergwanderung mit grandiosem Panorama und viel Erholung.

Editorial

Auto und Bahn haben den Urlaubern aus Mitteleuropa die Strände von Adria und Mittelmeer um Stunden und Tage näher gerückt – im Vergleich mit der berühmtesten Alpenüberquerung aller Zeiten (218 v. Chr.) sogar um Wochen. Allerdings wissen die Schulkinder in ganz Europa, dass Hannibal mit Elefanten unterwegs war, als er über das Gebirge nach Rom marschierte.

Seit einigen Jahren sind abseits der asphaltierten Straßen wieder vermehrt Fußgänger unterwegs, die auf den Spuren Hannibals die Alpen überqueren – ohne Elefanten, dafür aber mit Jumbo-Rucksäcken. Das Weitwandern ist zu einer Bewegung geworden, die sich zunächst in Vereinen organisierte und vor allem Menschen höheren Alters in ihren Bann zog. Das hat sich geändert. Im Gebirge sind immer mehr junge Leute um die 20 unterwegs, die mit Freunden und Bekannten losziehen und sich um nichts in der Welt in Vereinen einbinden lassen.

Die Anfänge der Weitwanderbewegung haben in den Alpen eine Struktur geprägt. Eine der bekanntesten Routen vom Bodensee zur Adria ist als „Europäischer Fernwanderweg 5“, kurz „E 5“ genannt, zu einem Begriff geworden. Allerdings ist das Teilstück vom Bodensee ins Oberallgäu ein Stiefkind, der Abschnitt von Südtirol bis zur Adria gar verwaist. Das Herzstück aber, die Alpenüberquerung von Oberstdorf nach Meran, pulsiert – wenn auch mit einem Bypass auf halber Strecke. Sie führt in sechs Tagesetappen über massive Gebirgszüge von einem Tal ins andere. Mal wird auf Hütten übernachtet, mal im Tal. In Meran sind sich fast alle Wanderer einig: Diese eine Urlaubswoche bringt mehr Erlebnis und Erholung als drei Wochen am Meeresstrand.

Nur Pinselstriche statt Unterhalt

Ohne den Beitrag der Fernwanderbewegung zur touristischen Erschließung der Alpen schmälern zu wollen, muss allerdings eines festgehalten werden: Die Route von Oberstdorf nach Meran verläuft durchwegs auf uralten Saumpfaden und auf Wegen, die der Alpenverein, die Gemeinden oder Alpbauern angelegt haben und pflegen. Um den Unterhalt kümmern sich die Wandervereine nicht, auch wenn sie unterwegs an Felsen oder Holztafeln in dickem Rot ihr „E 5" hingepinselt haben. Die in diesem Buch beschriebene Alpenüberquerung führt nur gut zur Hälfte über die Strecke, die als „E 5" bekannt und gekennzeichnet ist. Der ursprüngliche Fernwanderweg verläuft vom Ötztal weiter über das Timmelsjoch nach Südtirol. Seit vielen Jahren aber haben Bergführer aus dem Allgäu, allen voran Udo Zehetleitner, Varianten ausgetüftelt. Und seit die Gemeinde Sölden 1995 ihren „Panoramaweg" eröffnete, verlassen alle geführten Gruppen hier den „E 5" und gehen über diese wohl schönste Route am Similaun vorbei, der Fundstelle des Ötzis, und durchs Schnalstal nach Meran.

Bei der Beschreibung der Tagestouren haben Allgäuer Bergführer ihre ganzen Erfahrungen und Ortskenntnisse eingebracht. Die fachliche und

Parkplätze Oberstdorf

Der Kurort Oberstdorf ist als Modellprojekt weitgehend „autofrei". Am Ortseingang sind Auffangparkplätze mit Pendelbusbetrieb eingerichtet. Dort kann man allerdings sein Auto nicht länger als fünf Tage abstellen. Die Alpenüberquerung Oberstdorf–Meran dauert aber mindestens sechs Tage.

Dauerparkplätze bieten sich an in der Tiefgarage des Eissportzentrums gegenüber der Nebelhornbahn. Auskünfte erteilen die „Sportstätten Oberstdorf" unter der Telefonnummer 08322-9150.

sachliche Qualität ist allerdings in diesem Buch ein wenig anders verpackt, als die meisten es aus Wanderführern kennen. Wir haben bewusst verzichtet auf Formulierungen wie diese: „... an der Brücke links bis zum nächsten Baum, dann rechts und nach 500 Metern wieder rechts bis zur Einmündung von ...“ Die hier gewählte Aufbereitung von Informationen soll Sie in die Lage versetzen,

- sich ein umfassendes Bild über diese Unternehmung zu machen
- zu beurteilen, ob Sie sich die Alpenüberquerung zutrauen, ob Sie in der Lage sind, die körperlichen Anstrengungen zu bewältigen
- zu entscheiden, ob Sie mit privaten Bergkameraden oder in Begleitung eines Bergführers gehen wollen
- die sechstägige Wanderung selbständig zu planen und vorzubereiten.

Außerdem möchte dieses Buch bei der Alpenüberquerung Ihr Begleiter sein, der bei Bedarf die notwendigen Infos liefert, um auf unvorhersehbare Ereignisse wie Verletzungen, Krankheit oder Schlechtwettereinbruch reagieren zu können.

Karten unentbehrlich

Die einzelnen Streckenabschnitte unterwegs sind so gut beschildert, dass die Orientierung bei guter Sicht leicht fällt. Dennoch gehört zu jeder Bergtour eine gute Karte, wie sie auch noch unterwegs auf jeder Alpenvereinshütte erhältlich ist. Zu empfehlen sind die Kompass-Karten 33/35/43 im Maßstab 1:50 000 oder die Kompass-Übersichtskarte 120, die zwar für den „E 5“ bestimmt ist, jedoch auch den größten Teil dieser Route zeigt. Karten im Maßstab 1:25 000 sind im gut sortierten Buchhandel erhältlich. Der Abdruck von Kartenausschnitten in diesem Buch wäre kein geeigneter Ersatz, sondern in Ermangelung der Übersichtlichkeit eher ein Risikofaktor. Deshalb haben wir die Tagesetappen nur grob skizziert, um Ihnen einen Überblick zu verschaffen.

Zum Service des Verlags gehört auch das Bemühen um Aktualität. Das gilt zum Beispiel für die Zugverbindung von Meran nach Deutschland. Die Daten im Buch sind dem Sommerfahrplan 2001 entnommen. Aktuelle Änderungen bei Fahrplänen oder Telefonnummern finden Sie auf der Homepage des Verlags unter *www.sl-verlag.de* Die Angaben der Busfahrzeiten sollten durch Nachfragen vor Ort überprüft werden, weil sich öfters Änderungen im Fahrplan ergeben.

Klaus Schlösser

Rückfahrt mit der Bahn

Für die Rückfahrt ins Allgäu bieten sich zwei Möglichkeiten an. Die Bergschulen chartern Busse, die die Gruppen in Meran abholen und nach Oberstdorf bringen. Mit einem Anruf bei den Bergschulbüros im Allgäu lässt sich in Erfahrung bringen, ob in einem dieser Busse noch Plätze frei sind für die Rückfahrt und wo diese Busse in Meran abfahren. Diese Variante ist die bequemste und billigste.

Alpenüberquerer, die sich keinem Bergführer anschließen wollen, nutzen für die Rückfahrt in der Regel den Zug von Meran über München nach Oberstdorf oder über München direkt nach Hause.

1. Zugverbindung

Meran		ab 07.16 Uhr
Bozen	an 07.56 Uhr	ab 08.18 Uhr
München	an 12.30 Uhr	ab 13.20 Uhr
Oberstdorf	an 15.49 Uhr	

2. Zugverbindung

Meran		ab 09.44 Uhr
Bozen	an 10.21 Uhr	ab 10.31 Uhr
München	an 14.30 Uhr	ab 15.20 Uhr
Oberstdorf	an 17.52 Uhr	

3. Zugverbindung

Meran		ab 11.44 Uhr
Bozen	an 12.21 Uhr	ab 12.31 Uhr
München	an 16.30 Uhr	ab 17.20 Uhr
Oberstdorf	an 19.51 Uhr	

4. Zugverbindung

Meran		ab 13.44 Uhr
Bozen	an 14.21 Uhr	ab 14.31 Uhr
München	an 18.30 Uhr	ab 19.20 Uhr
Kempten	an 20.52 Uhr	ab 21.00 Uhr
Immenstadt	an 21.15 Uhr	ab 21.18 Uhr
Oberstdorf	an 21.47 Uhr	

Aus dem Sommerfahrplan 2001 ergeben sich an Samstagen vier Zugverbindungen von Meran nach Oberstdorf. Sollte sich an diesem Fahrplan in den folgenden Jahren etwas ändern, entnehmen Sie die aktuellen Daten bitte der Homepage des sl-Verlags unter der Internet-Adresse *http://www.sl-verlag.de.*

Der Fahrpreis 2. Klasse von Kufstein bis Oberstdorf betrug im Sommer 2001 ohne Zuschläge 73 Mark. Über die Tarife in Italien und Österreich gibt die Deutsche Bahn keine Auskunft. Informationen beim Reiseservice der Bahn unter der gebührenpflichtigen Telefonnummer 01805-996633 sowie unter *http://www.bahn.de.*

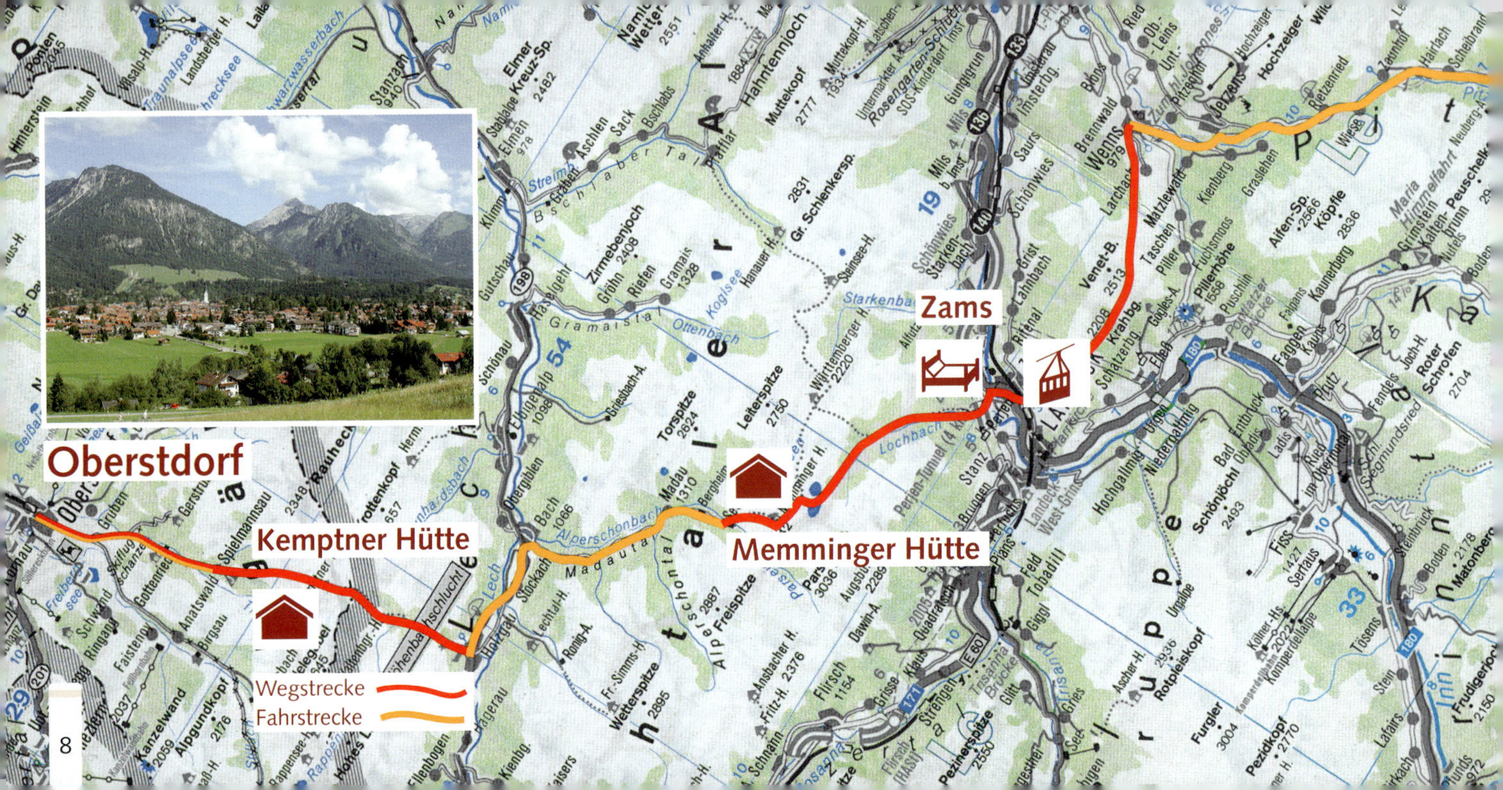
Oberstdorf
Kemptner Hütte
Memminger Hütte
Zams
Wegstrecke
Fahrstrecke

Braunschweiger Hütte
Vent
Martin-Busch-Haus
Meran

Kann ich mir die Tour zutrauen?

Andreas Tauser

Bergführer der Alpinschule Oberstdorf
Einsatzleiter der Oberstdorfer Bergwacht

Eine der schwierigsten Fragen, die ein Bergführer zu beantworten hat, ist die: „Kann ich mir die Tour zutrauen?“ Aus einem Gespräch heraus ergeben sich Anhaltspunkte, was die Kondition und die alpine Erfahrung betrifft. Letztendlich aber muss diese Frage jeder für sich selbst entscheiden. Allerdings kann ich als Bergführer dabei Hilfestellung leisten.

An die körperliche Kondition werden erhebliche Anforderungen gestellt. Im Durchschnitt sind bei jeder Etappe während der einwöchigen Tour täglich 800 bis 1200 Höhenmeter im Auf- und Abstieg zu bewältigen. Dies in Kilometern auszudrücken, ist schwierig, weil sich die meist schmalen Bergwege in Serpentinen den Hang hinauf oder hinab winden. Grob gesagt, dürften es bei der Alpenüberquerung zehn bis 20 Kilometer pro Tag sein. Das mag auf den ersten Blick wenig erscheinen, aber die zum Teil beachtliche Höhe über dem Meeresspiegel belastet den Kreislauf zusätzlich. Wir erreichen zweimal eine Höhe von knapp über 3000 Metern. Auf Flachlandsportarten übertragen bedeutet dies, dass eine Radtour von 100 Kilometern in hügeligem Gelände den Grenzbereich der Kondition nicht überschreiten darf. Möglichst zweimal pro Woche sollte man sich mit Ausdauersportarten wie Joggen oder Radfahren vorbereiten. Denn eines ist sicher: Je besser die Kondition, umso größer der Spaß.

Auch das Tragen eines Rucksacks kann man trainieren, mit wenig Ballast beginnen und bis auf rund zehn Kilogramm steigern. Bei jeder Bergtour sollte man den technischen Anforderungen gewachsen sein. Die hier beschriebene Alpenüberquerung erfordert keine Kletterkünste. Allerdings verlangt auch diese Route auf schmalen, unebenen Wegen ein gewisses Maß an Trittsicherheit und an wenigen Stellen auch Schwindelfreiheit. Was meinen wir mit Trittsicherheit: Mit einem schweren Rucksack auf einer unebenen Fläche aufzutreten und mit dem anderen Fuß eine ebenfalls unebene Stelle zu erreichen in dem Bewusstsein, dass ein Umknicken zu Verletzungen oder an ausgesetzten Stellen sogar zu schweren Stürzen führen kann.

Orientierung im Gelände

Eine wesentliche Voraussetzung für die hochalpine Tour ist auch die Fähigkeit, sich im Gelände zu orientieren und sich den Wetterbedingungen anzupassen. Die Orientierung wird auf einem Großteil der Alpenüberquerung erleichtert durch die deutliche Beschilderung. Die Wegweiser sind häufig verstärkt durch den roten Schriftzug „E 5“, Hinweise auf den Europäischen Fernwanderweg Nummer 5 vom Bodensee bis zur Adria. Leicht zu lesen sind diese Hinweise aber nur bei schönem Wetter. Im Gebirge kann das Wetter leicht umschlagen. Bei Nebel, Schneefall, Sturm, starkem Regen oder Gewittergefahr ist es für unerfahrene Bergwanderer beileibe keine Schande, ins Tal abzusteigen und die Etappe mit dem Bus oder einem Taxi zurückzulegen. Das tun fürsorgliche Bergführer manchmal auch.

Andreas Tauser

Von Bergführern gut behütet

Luggi Lacher

Bergführer der Alpinschule Oberstdorf
Einsatzleiter der Bergwacht Oberstdorf

Bergsteigen ist ein Ausstieg in eine andere Welt, eine alternative Bewegung, aber auch ein Breitensport. Allein der Deutsche Alpenverein hat mehr als 600 000 Mitglieder. Die meisten Alpinisten aber sind froh, wenn sie im Gebirge möglichst wenigen begegnen. Warum also sollte man sich einem Bergführer, der Gruppe einer Bergschule anschließen, wo doch der Genuss eigentlich in der Ruhe und Beschaulichkeit liegt und der Stolz nach der Alpenüberquerung besonders groß in dem Bewusstsein ist, es allein geschafft zu haben.

Nun, es gibt gute Gründe. Die allermeisten Bergwanderer sind nicht im Gebirge zu Hause. Und die wenigsten haben genügend Erfahrung, um alpine Gefahren in jeder Situation zu meistern. Es ist keineswegs ökonomischer Zweckpessimismus, der dazu verleitet, auf diese Gefahren hinzuweisen. Die Unfallstatistik widerlegt solche Unterstellungen.

Dazu passt ein Beispiel aus der Praxis: Ein Reiseveranstalter aus dem Rheinland hatte einen in den Alpen unerfahrenen Studenten mit der Führung einer Gruppe von Oberstdorf nach Meran beauftragt, als schließlich doch die Vernunft obsiegte und ein Oberstdorfer Bergführer diese Aufgabe übernahm. Die Gruppe wurde im Hochgebirge von erheblichen Schneefällen überrascht. Der Bergführer musste alle Register seines Könnens ziehen, um die örtliche Lawinengefahr und die erheblichen Probleme bei der Orientierung zu meistern. Diese brenzlige Situation hätte leicht zu einem Einsatz für die Bergwacht und zu einem spektakulären Fall für die Medien werden können.

Aber es gibt auch andere Gründe, sich in die Obhut eines Bergführers zu begeben. Die Informationen in diesem Buch vermitteln einen Eindruck davon, wie aufwändig sich die Organisation einer Alpenüberquerung durch drei Länder von einem Quartier zum anderen gestaltet. Busfahrpläne und Bergbahnverbindungen müssen in ein Schema von Gehzeiten eingebettet werden, damit alles reibungslos klappt. Ein verpasster Anschluss kann einen zusätzlichen Tag kosten oder eine teure Taxifahrt. Die Gebühren für einen Bergführer rentieren sich auch in dieser Hinsicht.

Einkehr bei guten Bekannten

Und einen weiteren Vorteil sollte man nicht gering schätzen. Mit einem Bergführer, der die Alpen von Oberstdorf nach Meran schon häufig überquert hat, kehrt man jeden Abend bei guten Bekannten ein. Die Hüttenwirte und die Pensionsbesitzer haben ein gutes Quartier reserviert und sind zu ihren Stammgästen noch freundlicher als sonst. Auch unterwegs vermittelt der Bergführer einen Bezug zur Landschaft und zu den Menschen, die dort wohnen.

Dieses kleine Gefühl von Vertrautheit in einer fremden Welt setzt dem Bergerlebnis die Krone auf.

Luggi Lacher

Anreise nach Oberstdorf

Ausgangspunkt für die Alpenüberquerung ist Oberstdorf, Deutschlands südlichste Gemeinde. Das vor 100 Jahren noch bettelarme Bauerndorf hat sich zu einem Spitzenferienort entwickelt. Früheren Generationen galt das Gebirge als unwirtliche Gegend, die zu betreten sich allenfalls lohnte, um an ihren Hängen Vieh weiden zu lassen. Mit den erholungsbedürftigen Städtern und den abenteuerlustigen Freizeithelden, die in die einstmals ruhigen Bergdörfer einzogen, wandelten sich die bäuerlich geprägten Siedlungen zu touristischen Zentren. Oberstdorf ist heute der Ferienort mit den meisten Übernachtungen in Deutschland. Jedes Jahr vermieten die rund 10 000 Einwohner mehr als 2,3 Millionen Nachtquartiere. Im Winter hat Oberstdorf die größten und anspruchsvollsten Skipisten im deutschen Alpenraum zu bieten. Bekannt aber ist der knapp 1000 Meter hoch gelegene Ort vor allem als Austragungsort bei der Vier-Schanzen-Tournee und für Skiflug-Wettkämpfe. Im Sommer gilt das südliche Oberallgäu als Dorado für Bergwanderer. Der Heilbronner Weg über den Grat des Allgäuer Hauptkamms ist einer der meist begangenen Höhenwege in den gesamten Alpen.

Oberstdorf ist seiner touristischen Bedeutung nach nicht angemessen an die großen Verkehrsnetze angeschlossen. Am besten ist die Anbindung durch die Schiene. Einzelne Züge aus den Metropolen in West- und Norddeutschland fahren direkt ins südliche Oberallgäu. Bei vielen Verbindungen ist ein Umsteigen in Ulm erforderlich. Von München aus verkehren zahlreiche Direktzüge, zum Teil auch aus Ostdeutschland über Nordbayern. In der gesamten Region bietet der Allgäu-Schwaben-Takt in einstündigem Abstand einen attraktiven Nahverkehr. Der Oberstdorfer Bahnhof liegt mitten im Ort. Auf der Straße hingegen ist Oberstdorf vom Autobahndreieck Allgäu südlich von Kempten aus nur über häufig verstopfte Landstraßen zu erreichen. Zwar wird die Bundesstraße 19 Kempten–Immenstadt ausgebaut, aber die rund 35 Kilometer von der Autobahn bis Oberstdorf erfordern manchmal bis zu einer Stunde Fahrtzeit.

Der Ort selbst schmückt sich mit dem Titel „autofrei". Innerhalb der Gemeinde ist zumeist nur Anliegerverkehr erlaubt. Vor dem Ort stehen große Auffangparkplätze zur Verfügung. Von dort verkehren Shuttle-Busse ins Zentrum.

Nicht überfordern

Für die Alpenüberquerung von Oberstdorf bis Meran führt die erste Tagesetappe zur Kemptner Hütte. Die reine Gehzeit beträgt zwar nur rund drei Stunden. Aber ein zu später Aufbruch im Tal verursacht Hektik und Stress. Dies hat in vielen Fällen schon dazu geführt, dass Bergwanderer nach einer langen Autofahrt oder einer schlaflosen Nacht im Zug selbst mit dieser kurzen Etappe überfordert waren. Die drohende Konsequenz: Die nächsten Tage werden nicht zu einem alpinen Hochgenuss, sondern zu einer Qual.

Daher empfiehlt es sich, nach einer langen Anreise in Oberstdorf zu übernachten und erst am nächsten Tag aufzubrechen. Im Ort selbst steht eine Vielzahl von Unterkünften bereit, vom Sterne-Hotel bis zur Jugendherberge. Strategisch günstig ist eine Übernachtung im Ortsteil Spielmannsau, wo der (für den allgemeinen Verkehr gesperrte) Fahrweg endet und der Anstieg zur Kemptner Hütte beginnt. Im Gasthaus Spielmannsau sind fast immer Betten in Hotel-Standard frei. Neben dem Gasthaus befindet sich eine Unterkunft im Stil einer Jugendherberge.

1. Tag

Aufstieg zur Kemptner Hütte

Kurzbeschreibung

Anreise nach Oberstdorf. Fußmarsch oder Taxifahrt zum Ortsteil Spielmannsau in knapp 1000 Meter Höhe. Eventuell auch Anreise am Vortag und Übernachtung im Gasthaus Spielmannsau. Aufstieg zur Kemptner Hütte auf 1844 Meter Höhe. Die Gehzeit ab Gasthaus Spielmannsau sollte man aus Gründen der Eingewöhnung großzügig einteilen.

Gehzeit rund 3 Stunden

▲ 850 m

Die Alpenüberquerung beginnt im Oberstdorfer Ortsteil Spielmannsau und führt den Sperrbachtobel hinauf zur Kemptner Hütte.

Der Fußweg von Oberstdorf beginnt an der Talstation der Nebelhornbahn. Bis hierher sind es vom Bahnhof fünf Gehminuten, und hier hält auch der Shuttle-Bus von den Parkplätzen außerhalb des Ortes. Ein paar Meter weiter südlich führt die Mühlenbrücke über die Trettach, einen der drei Quellflüsse der Iller. In Laufrichtung links von der Trettach, also am Ostufer entlang, beginnt der landschaftlich reizvollste Weg zur Spielmannsau. Diese acht Kilometer lange, zum Teil befahrene, zum Teil erholsame Strecke durch den Wald, die rund 90 Minuten Zeit in Anspruch nimmt, kann man sich allerdings auch ersparen. Zwar ist der Fahrweg für den allgemeinen Kraftfahrzeugverkehr gesperrt, aber Sammeltaxis haben eine Sondergenehmigung. Außerdem kann man sich von den Wirtsleuten im Gasthof Spielmannsau mit einem Kleinbus abholen lassen (siehe Info Telefon Seite 23). Die Spielmannsau im Trettachtal liegt auf rund 1000 Meter Seehöhe. Der Wildbach gab einem der bekanntesten Gipfel der Allgäuer Alpen den Namen. Die Trettachspitze erinnert in ihrer Gestalt an das Matterhorn und ist in Bergsteigerkreisen eine erste Adresse für Klettertouren. Der Name setzt sich zusammen aus dem alten Wort „draete“ für schnell, eilig, und dem Wort „ach“ für Wasser. Die Trettach musste zwar schon viele Verbauungen über sich ergehen lassen, ist aber noch immer der stürmischste aller drei Iller-Quellflüsse, während „Still-ach“ und „Breit-ach“ so daherkommen, wie sie heißen.

Kapelle am Wallfahrtsweg

Bis zur Materialseilbahn der Kemptner Hütte – vorbei an der Alpe Oberau

Rast an der renovierten Wallfahrerkapelle „am Knie“.

– ist der Weg noch breit genug für Lieferfahrzeuge. Dann aber beginnt der Pfad, der östlich der Trettach bis zu einer Brücke über den Sperrbach führt, einem Seitenbach der Trettach, der im Bereich der Kemptner Hütte entspringt. Nun folgt ein halbstündiges Steilstück zum so genannten „Knie". Unterwegs erinnert eine kleine Kapelle, ein „Marterl", daran, dass dieser Weg seit 350 Jahren ein Pilgerpfad ist. Bauern aus Oberstdorf und aus Holzgau im österreichischen Lechtal begaben sich einmal im Jahr auf Wallfahrt zu den Nachbarn, mit denen sie wegen der Weiden im hochalpinen Grenzgebiet enge wirtschaftliche Beziehungen pflegten.

Lawinenreste

Am „Knie", knapp die Hälfte der Strecke ab der Materialseilbahn, öffnet sich der Sperrbachtobel, den der Weg überquert, um dann an dessen Flanke anzusteigen bis zur Hütte. Der Tobel ist nicht immer einfach zu passieren. Bis weit in den Sommer hinein liegt das Bachbett unter meterdicken Lawinenresten und Altschneefeldern. Während der Schmelze tun sich mitunter Löcher auf, die eine Verlagerung der Route erfordern. Nach einem weiteren Steilstück rinnt im oberen Teil des Tobels Wasser von den Flanken des Fürschießers über den an sich einfachen Weg. Um dennoch Unsicherheiten zu vermeiden, haben Wegmacher an dieser Stelle ein Fixseil eingezogen. Wenn der Pfad langsam flacher wird, rückt erstmals die Kemptner Hütte aus Richtung drei Uhr ins Blickfeld. Es ist das zweitgrößte Schutzhaus in den Allgäuer Alpen und gehört der Sektion Allgäu-Kempten. Der zeitige Aufbruch im Tal wird jetzt belohnt. Am frühen Nachmittag bereits vergeben die Wirtsleute Gabi und Martin Braxmair Betten und Lagerplätze. Das ist vor allem in der Hochsaison Ende August und September von Vorteil. Denn die Fernwanderer sind auf dieser Hütte nur ein kleiner Teil der Gäste. Die allermeisten kommen vom Heilbronner Weg oder wollen dorthin.

Eingewöhnen und akklimatisieren

Zudem ist die Kemptner Hütte Ausgangspunkt für lohnende Tagesziele, wie ein Blick auf die imposanten Felszacken rund um die Hütte eindrucksvoll beweist. Der erste Tag sollte der Eingewöhnung und der Akklimatisierung dienen. Nur konditionsstarken Bergfexen sei empfohlen, die Zeit am Nachmittag zu einem Ausflug in die alpine Umgebung zu nutzen.

Kemptner Hütte

1844 Meter

Wirte: Gabi und Martin Braxmair

Oberstdorf, DAV-Sektion Allgäu-Kempten

Hütte: Alpine Bergsteiger-Unterkunft, DAV-Kategorie I

Küche: Warm von 12 bis 19.30 Uhr
190 Lager, 100 Betten

Wege: Von Oberstdorf 4 Stunden,
von Spielmannsau rund 3 Stunden

Geöffnet: Mitte Juni bis Mitte Oktober
Quartierbestellung: Kemptner Hütte, 87561 Oberstdorf,
Fax: 08322-959077

„Zelt und Nudelsieb“

Ernst Wagner, Hüttenwirt 1973 bis 2000

Ernst Wagner, zusammen mit seiner Frau Elvi fast 30 Jahre lang Hüttenwirt auf der Kemptner Hütte, übergab die Bewirtschaftung zur Sommersaison 2001 seinen Nachfolgern: Tochter Gabi und Schwiegersohn Martin Braxmair. Ernst Wagners Herz hängt allerdings noch immer an der Kemptner Hütte, die weiterhin sein zweites Zuhause ist.

Als so um 1980 das Weitwandern in Mode kam, hat man die Bergsteiger mit dem Ziel Meran leicht von denen unterscheiden können, die sich Ziele in den Allgäuer Alpen ausgesucht hatten. Auf den hoch bepackten Rucksäcken waren die zusammengerollte Schlafmatte und ein Zelt mit Riemen festgeschnallt und an der Seite baumelte häufig ein Nudelsieb. Vor der Hütte wurde gekocht. Inzwischen haben die Fernwanderer erkannt, dass Butter und Schokolade im Rucksack schmelzen und dass es in der Hütte für wenig Geld ein ordentliches Abendessen gibt. Das Zelten vor der Hütte ist ohnehin inzwischen verboten, weil das Hochgebirge in Bayern, in Österreich und auch in Italien zumeist unter Naturschutz steht. Die oft nagelneuen Rucksäcke aber sind immer noch voll gepackt. Für die meisten ist es ungewohnt, schwere Lasten zu schultern. Und 15 Kilo sind auf Dauer zu viel. Unerfahrene Fernwanderer schaffen es zwar am ersten Tag bis zur Kemptner Hütte, vielleicht auch noch bis zur Memminger Hütte. Spätestens in Zams gehen sie in die Knie. Dann wird jedes Kilo zur Qual. Irgendwann haben viele die Schnauze voll und setzen sich in den nächsten Zug. Dabei sind zu Anfang alle davon überzeugt, dass sie es schaffen, ob sie nun aus Hamburg oder aus Berlin kommen. Leider hat ihnen niemand gesagt, dass Fernwanderer bei der Alpenüberquerung ein ganz anderes Leben führen als daheim. Auf Deutsch gesagt: Beim Packen der Kleidung sollte man an das Gewicht und die Funktionalität denken und nicht an die Aprilfrische. Wer in Meran ankommt, der stinkt, auch wenn er für jeden Tag frische Unterwäsche dabei hat. Das gilt auch für Frauen. Der

zweite Kardinalfehler ist häufig die Terminplanung. Vor der dritten Juniwoche ist es für die allermeisten Fernwanderer noch zu früh, weil unterwegs mit Altschneefeldern gerechnet werden muss, die Ungeübte vor Probleme stellen. Außerdem öffnen die Hütten auf der Route am Hauptkamm der Alpen erst dann, wenn die ersten Bergschulen mit ihren Gruppen kommen. Um mangelnde Erfahrung im Hochgebirge auszugleichen, sollte man zumindest für die Vorbereitung der Tour besonders große Mühe aufwenden.

Ernst Wagner

Abendspaziergang hinter der Kemptner Hütte

Wichtige Telefonnummern

Zur Vorbereitung und während der Tour benötigen Bergwanderer Informationen oder Kontakte. Im Info-Teil haben wir alle wichtigen Telefon- und Faxnummern aufgelistet (Änderungen möglich). Die Vorwahlen gelten von Deutschland aus.

- **Reiseservice der Bahn AG** (für die Organisation der Zugfahrt) Tel. 01805-996633
- **Sportstätten Oberstdorf** (für einen Parkplatz in der Tiefgarage) Tel. 08322-9150
- **Gasthof Spielmannsau** (Taxi Oberstdorf–Spielmannsau) Tel. 08322-3015, Fax 8860
- **Kemptner Hütte** (für die Reservierung des ersten Nachtquartiers) Fax 08322-959077
- **Busunternehmen Feuerstein** (für den Transport von Holzgau zur Materialbahn der Memminger Hütte) Tel. und Fax 0043-5633-5633
- **Memminger Hütte** (Quartierreservierung) Tel. 0043-5634-6208, Fax 20036
- **Venet-Bergbahn** in Zams (zur Auffahrt am vierten Tag) Tel. 0043-5442-62663, Fax 62663-15
- **Postbus** Imst–Wenns–Pitztal (zum Transport am vierten Tag) Tel. 0043-5412-66266
- **Braunschweiger Hütte** (Quartierreservierung) Tel. 0043-5413-86236
- **Martin-Busch-Hütte** (Quartierreservierung) Tel. 0043-5254-8130, Fax 813050
- **Ötztaler Verkehrsgesellschaft** (zum Transport am Tiefenbachferner) Tel. 0043-5254-3550, Fax 3552
- **Spechtenhauser Mietwagen** (Bus von Vernagt nach Meran) Tel. 0039-0473-669643, Fax 669779

2. Tag

Weg zur Memminger Hütte

Kurzbeschreibung

Eine halbe Stunde Aufstieg zum Mädelejoch (1974 m), Überschreiten der österreichischen Grenze und Abstieg durch das Höhenbachtal nach Holzgau. Unterwegs am Simmser Wasserfall vorbei. Ab Holzgau in 1070 Meter Höhe mit dem Kleinbus (ab Hotel Bären) 13 Kilometer ins Madautal zur Talstation der Materialseilbahn (1454 m) zur Memminger Hütte. Anschließend Aufstieg ohne Rucksack zur Hütte auf 2242 Meter Höhe. Abendspaziergang.

Gehzeit rund 6 Stunden

▲ 940 m ▼ 870 m

Blick zurück von den Lechtaler Alpen auf den Hauptkamm der Allgäuer Alpen

Am zweiten Tag der Alpenüberquerung führt die Route von der Kemptner Hütte zur Memminger Hütte, vom Hauptkamm der Allgäuer Alpen zum Hauptkamm der Lechtaler Alpen. Das erste Stück des Wegs von der Kemptner Hütte in Richtung Süden teilen sich die Fernwanderer mit den Bergsteigern, die über den Heilbronner Weg zur Rappensee-Hütte gehen oder einen Gipfel im Umkreis der Hütte zum Ziel gewählt haben.

Rot-weiß-rotes Grenzschild

Die Wege trennen sich am Oberen Mädelejoch, rund eine halbe Wegstunde leicht ansteigend südlich der Kemptner Hütte auf 1974 Meter Seehöhe. Ein rot-weiß-rotes Grenzschild begrüßt die Wanderer in der Alpenrepublik Österreich und dient als Orientierung, wenn im Frühsommer am Joch noch Schnee liegt. Links davon beginnt der steile Abstieg durch Felsgelände. Nach diesem kräftigen Abbau von Höhenmetern liegt knapp auf der halben Wegstrecke nach Holzgau die Roßgumpen-Alpe, eine gute Gelegenheit zur Einkehr. Die nächste „Jausenstation" eine halbe Stunde vor Holzgau ist im Vergleich weit weniger einladend. Der Weg durchs Höhenbachtal wartet unverhofft mit einer Attraktion auf. Die Simmser Wasserfälle hüllen nicht nur zur Schneeschmelze im Frühsommer den Weg in eine Gischtwolke. Dieses Naturschauspiel gehört zur ersten Wahl der Fotomotive auf der Tour.

Das Dorf Holzgau auf 1070 Meter Seehöhe ist nach rund zweieinhalb Stunden erreicht. Wer einen mehr als vierstündigen Marsch durchs Lechtal bis zum nächsten Anstieg im Madau-

Abstieg durch das Höhenbachtal an der Roßgumpen-Alpe vorbei

tal vermeiden will, und das tun die meisten Fernwanderer, der begibt sich zum Gasthaus „Bären“. Von dort fahren bei Bedarf Kleinbusse zur Talstation der Materialseilbahn der Memminger Hütte. Es ist empfehlenswert, sich für diese Fahrt mit anderen Fernwanderern zusammenzuschließen. An der Haltestelle beim „Bären“ informiert eine Tafel, wie man das Busunternehmen Feuerstein erreichen kann (siehe auch Info „Telefon“ auf Seite 23).

Rucksacktransport

Der Kleinbus lädt die Gruppe im Madautal an der Talstation auf 1454 Meter Seehöhe ab. Gegen eine Gebühr ist ein Rucksacktransport zur Memminger Hütte möglich. Bei der Holztüre der Talstation hängt ein Telefon, über das man den Hüttenwirt oder sein Personal erreicht. Die am besten sehr freundliche Frage, ob der Rucksacktransport in Ordnung geht, ist auf jeden Fall wichtig, weil es durchaus sein kann, dass die Materialbahn ausnahmsweise mal nicht zur Verfügung steht. Bevor man sich aber des Rucksacks entledigt, sollte man Regenjacke und Getränke als „Handgepäck“ zu sich nehmen, um unterwegs gerüstet zu sein.

Die knapp 800 Höhenmeter bis zur Hütte erfordern rund zweieinhalb Stunden. Dabei kann man sich ruhig Zeit lassen. Denn die gesamte Tagesetappe dauert an diesem Tag ohnehin kaum mehr als sechs Stunden, und die sind von einer bequemen Busfahrt unterbrochen. Die Memminger Hütte (2242 Meter) erreicht man in der Regel am Spätnachmittag. Die Hütte der Alpenvereinssektion Memmingen ist bewusst sehr einfach gehalten. An-

Die Simmser Wasserfälle

Taxistation am Hotel „Bären“

schließend bietet sich ein kleiner Abendspaziergang an. Ein lohnendes Ziel ist zum einen der Seewiessee, den man von der Hütte aus nicht sieht, der aber nur fünf Minuten entfernt in südlicher Richtung liegt. Zum anderen sind am Seekopf nördlich der Hütte öfters Steinböcke zu sehen.

Materialseilbahn der Memminger Hütte

Typische Grasflanken im Lechtal unterhalb des Leiterjochs

Memminger Hütte

2242 Meter

Wirte: Manuel (Foto)
und Christof Walch

Zams, DAV-Sektion Memmingen

Hütte: Alpine Bergsteiger-Unterkunft, DAV-Kategorie I

Küche: Warm von 12 bis 19.30 Uhr
12 Betten, 120 Lager

Weg: Von Materialseilbahn 1,5 bis 2 Stunden

Geöffnet: Ende Juni bis Ende September
Quartierbestellung: Fax 05634-0036, (Reservierung von Betten nicht möglich), E-Mail: memminger.huette@aon.at

„Stress abschütteln“

Anton Walch, Hüttenwirt 1975 bis 2000

Sie war vielleicht nicht die älteste Frau, die jemals die Alpen auf dem Fernwanderweg von Oberstdorf nach Meran überquert hat. Aber sie war sicherlich eine außergewöhnliche Erscheinung. Die 79-jährige Engländerin sprach zwar kaum ein Wort deutsch, stand aber dennoch im Mittelpunkt lustiger Unterhaltungen in der Hütte. Der überwiegende Teil der Bergwanderer, die bei uns auf der Memminger Hütte einkehren, ist über 40 Jahre alt. Viele haben im Urlaub schon die halbe Welt bereist. Erst dann entdecken sie die Alpen, um zu regenerieren. Anders als im Berufsleben sind die Menschen auf einer Alpenvereinshütte ihrem Äußeren nach kaum einzuschätzen. Aus einem Gespräch am Abend stellt sich heraus, dass der eine gerade in Pension gegangen ist und noch an den Folgen von Stress leidet, dass der andere in Politik, Kunst oder Gesellschaft eine Persönlichkeit darstellt. Bei einer Bergtour tritt dies alles in den Hintergrund. Im Gegenteil sind es manchmal gerade die im Tal sehr erfolgreichen Menschen, die im Gebirge plötzlich auf die Hilfe anderer angewiesen sind, weil die Gesundheit nicht mehr mitspielt. Schon deshalb sollten sie vor der Tour einen Arzt konsultieren und nicht alleine gehen.
Die jungen Leute haben ganz andere Probleme. Vielfach haben sie keine Beziehung zur Natur. In kritischen Situationen können sie nicht einmal viel Lebenserfahrung einbringen. Dennoch passiert auf der Tour relativ wenig. Das liegt auch daran, dass die Wege so gut markiert sind.

Seit über 25 Jahren bemüht sich unsere Familie, die Bergwanderer auf der Memminger Hütte so gut es geht zu bewirten und zum Gelingen der Tour beizutragen. Gerne angenommen wird zum Beispiel der Rucksacktransport mit der Materialbahn. Nach dem unbeschwerten Aufstieg finden unsere Gäste am frühen Abend oft noch die Muße für einen Spaziergang zum See oder zu den Steinböcken, die Anfang der 90er Jahre an der Seescharte ausgesetzt wurden und sich seitdem kräftig vermehrt haben.

Anton Walch

3. Tag

Vom Lechtal ins Inntal

Kurzbeschreibung

Eine Stunde Aufstieg zur Seescharte auf 2599 Meter Höhe. Fünf Stunden Abstieg durch das unberührte Lochbachtal ins Zammer Loch bis Zams bei Landeck im Inntal (780 m). Übernachtung in Hotel, Pension oder Gasthaus.

Gehzeit rund 6–7 Stunden

▲ 420 m ▼ 1890 m

Blick von der Memminger Hütte zur Seescharte

Am dritten Tag der Alpenüberquerung führt die Strecke von der Memminger Hütte nach Zams im Inntal. Am Hauptkamm der Lechtaler Alpen könnte es erstmals zu einer kritischen Situation kommen, wenn nämlich schlechtes Wetter die Orientierung erschwert. Beim Aufstieg von der Hütte rund 350 Höhenmeter zur Seescharte, dem mit 2599 Meter höchsten Punkt der Tagesetappe, der in 60 bis 90 Minuten zu erreichen ist, sind im Frühsommer steile Schneefelder zu passieren. Bei niedrigen Temperaturen besteht die Gefahr, dass diese Altschneereste am frühen Morgen noch gefroren und deshalb hart sind. Wanderer ohne Grödeln, Steigeisen oder Eispickel sollten warten, bis die Passagen gut gespurt sind. Größte Vorsicht ist bei Schneefall geboten. Schneeverwehungen decken nämlich die Geröllfelder zu und erschweren die Orientierung. Damit hatten schon häufig bei solchen Verhältnissen ungeübte Fernwanderer ein Problem.

Jedes Tal mit neuem Gesicht

Bei schönem Wetter ist die Route allerdings nicht nur unschwierig, sondern auch genussreich. Denn mit jedem Gebirgskamm, den man vom Allgäu bis nach Südtirol passiert, ändern sich die Gesteinsarten, die Vegetation, die Dialekte der Menschen und ihre Lebensgewohnheiten. Dies wird auf der dritten Etappe besonders deutlich. Der große Strom der Fernwanderer zieht von der Seescharte durch das Lochbachtal hinab nach Zams. Diese gesamte Etappe erfordert gut sechseinhalb Stunden reine Gehzeit.

Die Bergführer wählen jedoch eine Variante, nämlich einen gut vier Kilometer langen Umweg über das Württemberger Haus (2220 Meter). Der Abstecher über diese Alpenvereinshütte verlängert die Etappe um rund zwei Stunden, entlohnt aber dafür mit einer tollen Aussicht. Lediglich eine Stelle des Wegs stellt Anforderungen an Trittsicherheit und Schwindelfreiheit. Sie ist allerdings mit einem Drahtseil gesichert. Zehn Gehminuten nach der Seescharte steigt diese Variante leicht an zum Großbergkopf und führt von dort zum Württemberger Haus.
Der Vorteil dieser Route liegt darin, dass sie länger am Grat entlang führt und deshalb wesentlich mehr Panorama bietet als der direkte Abstieg ins Lochbachtal, das man nach der Einkehr an der Hütte später auch erreicht. Das unberührte Lochbachtal bezeichnen Bergführer übrigens als das schönste bei dieser Alpenüberquerung.

Blick von der Seescharte über das Inntal. Unter den Wolken liegt Landeck.

In Zams eine Übernachtungsstelle zu finden, ist so unkompliziert wie kaum irgendwo sonst. Die Fernwanderer laufen sozusagen an einem gut sortierten Angebot an Pensionen und Hotels vorbei. In den Gasthöfen wird für die Halbpension in der Regel zwischen 35 und 40 Euro verlangt. Auf den einfacheren Hütten unterwegs zahlt man zwischen 25 und 30 Euro für Abendessen, Übernachtung und Frühstück. Wer an der Straße ein paar Meter weiter läuft, findet in der Nähe der Kirche eine Tourist-Info mit einem übersichtlichem Angebot.

An der Seescharte sind häufig noch Altschneereste anzutreffen.

Der Abstieg beginnt mit einer sommerlichen Rutschpartie.

Die Oberlochalm auf dem Weg nach Zams.

Abstieg durch das Lochbachtal (links) an der Lochalm vorbei ins Zammer Loch.

4. Tag

Vom Inntal ins Pitztal

Kurzbeschreibung

Früh am Morgen Auffahrt mit der Venetbahn zum Krahberg auf 2208 Meter Höhe. Vierstündige Wanderung über die Goglesalm (2017 m) und die Galflunalm hinab nach Wenns im Pitztal auf 980 Meter Höhe. Am Nachmittag Fahrt mit dem Postbus nach Mittelberg (1734 m). Anschließend rund dreistündiger Aufstieg zur Braunschweiger Hütte auf 2758 Meter.

Gehzeit rund 8 Stunden

▲ 1020 m ▼ 1230 m

Der Venetberg ist leicht mit der Bergbahn zu erreichen. Ein grandioses Panorama wartet auf dem Weg zum Krahberg auf 2208 Meter Höhe.

Die Etappe am vierten Tag der Alpenüberquerung über das Pitztal ins Ötztal ist die einzige, die Fernwanderern einen Termin und sie unter Zeitdruck setzt. Früh aufstehen ist dringend notwendig, weil man um 8.30 Uhr die erste Gondel der Venet-Bergbahn erreichen sollte, die 1400 Höhenmeter Aufstieg auf den Krahberg (Gipfel 2208 m) erspart.

Auf dieser ohnehin anstrengenden Etappe führt ein Härtetest für die eigene Kondition als Variante über den Venetgipfel (2513 m) und das Wonnejöchl (2497 m) zum Kreuzjoch (2464 m), von dort über die Larcheralm (1814 m) nach Wenns im Pitztal.

Eine halbe Gehstunde kürzer ist der normale Weg, der weniger Höhenmeter überwindet und am Hang entlang zur Goglesalm (2017 m) führt, von

Hochmoor oberhalb der Galflunalpe

dort zur Galflunalpe (auch Krugerhütte, 1960 m) über die Larcheralm nach Wenns im Pitztal auf 980 Meter Seehöhe. Achtung: Eine Einkehr auf der Larcheralm oder auf der Galflunalpe führt zu Zeitproblemen bei der folgenden längeren Strecke. Grund dafür ist die Abfahrt des Postbusses vom Pitztal nach Mittelberg um kurz nach 13 Uhr von der Haltestelle am „Pitztaler Hof" in Wenns. Von der Larcheralm bis dorthin sind es 1,5 Stunden. Die Busstrecke ist rund 30 Kilometer lang. Ein Taxi nach Wenns zu beordern, würde zu lange dauern und wäre auch zu teuer. Deshalb ist am Vormittag Zeitdisziplin notwendig. Der Bus braucht rund eine Stunde bis zur letzten Haltestelle in Mittelberg auf 1734 Meter Seehöhe. Im Ort selbst gibt es keine Einkehrmöglichkeit. Dafür aber nach einer halben Stunde Gehzeit auf einem breiten, fast ebenen Fahrweg an der Talstation der Materialbahn zur Braunschweiger Hütte. Die Jausenstation heißt „Gletscherstüble".

Rucksack in die Materialbahn

Mit der Materialbahn ist gegen eine geringe Gebühr ein Rucksacktransport zur Hütte möglich und empfehlenswert, denn die bevorstehenden 900 Höhenmeter sind steil und anstrengend. Dafür ist der neue Gletscherweg kurzweilig und erlebnisreich. Unter einem imposanten Bergmassiv führt er über felsdurchsetztes Gelände an Wasserfällen und Ausläufern des Gletschers vorbei zur Braunschweiger Hütte auf 2760 Meter Seehöhe. Bei der Übernachtung merken viele Fernwanderer zum ersten Mal, was Höhe bedeutet: Sie schlafen in der Nacht nicht besonders gut.

Einkehr auf der Galflunalpe

Abstieg nach Wenns im Pitztal

Aufstieg zur Braunschweiger Hütte

Braunschweiger Hütte

2758 Meter

Wirt: Franz Auer

St. Leonhard, DAV-Sektion Braunschweig

Hütte: Alpine Bergsteiger-Unterkunft, DAV-Kategorie I
Küche: Tiroler Küche
30 Betten, 80 Lager

Wege: Von Materialseilbahn 2 Stunden

Geöffnet: Mitte Juni bis Ende Oktober
Quartierbestellung:
Telefon/Fax 0043-5413-86236

5. Tag

Panoramaweg durch die Ötztaler Alpen

Kurzbeschreibung

Aufstieg zum Pitztaler Jöchl auf 2996 Meter. Panoramablick auf die Gletscherregion der Wildspitze. Abstieg ins Sommerskigebiet von Sölden und kurze Busfahrt zum Tiefenbachferner. Weiter auf dem Panoramaweg nach Vent. Nach ausgiebiger Pause Aufstieg zur Martin-Busch-Hütte (2501 m).

Gehzeit rund 7 Stunden

▲ 850 m ▼ 1000 m

Panoramaweg vom Tiefenbachferner nach Vent

Der fünfte Tag am Hauptkamm der Alpen bietet ein Wechselbad der Gefühle. Die alpine Natur präsentiert sich so faszinierend wie selten – ob es nun das Rudel Steinböcke am Wegesrand ist oder der großartige Panoramablick über die Gletscherregion der Wildspitze, höchster Gipfel Tirols (3774 m). Allerdings zeigt diese Etappe auch die Kehrseite der Medaille – das Sommerskigebiet am Rettenbachferner. Viele Bergfreunde sind selbst Skifahrer und würden die Anlagen mit Großparkplätzen, Restaurants, Pistenraupen und Liften kaum als störend empfinden, wenn sie zum Skifahren hierher kämen. Wer aber bereits vier Tage lang die landschaftlichen Schönheiten der Alpen so hautnah genießen konnte wie die Fernwanderer, dem muss der Rettenbachferner wie ein Schandfleck erscheinen. Nach diesem zügig passierten Außenposten der Zivilisation

Oberhalb der Braunschweiger Hütte ein Blick auf das Massiv der Wildspitze.

teilt sich übrigens die hier beschriebene Route von der Strecke, die als Fernwanderweg „E5" zu einem Begriff geworden ist.

Rat einholen

Das Wetter sollte an diesem Tag kein Wechselbad bereithalten. Denn der Übergang über das Pitztaler Jöchle (2996 m) ist bei Nebel oder Schneefall problematisch. Bei ganz schlechtem Wetter sollte man daran denken, einen Tag lang auf der Braunschweiger Hütte auf Besserung zu warten. Der Hüttenwirt Franz Auer ist selbst Bergführer und erfahren genug, die Wetterentwicklung einschätzen zu können. Es wäre sehr vernünftig, auf seinen Rat zu hören.

Das Pitztaler Jöchle, 60 bis 90 Gehminuten von der Hütte entfernt, ist ein Revier der Steinböcke. Hier sind die Ureinwohner der Alpen, die vielerorts die Wappen zieren, in großen Rudeln zu Hause. Eine mögliche Variante von hier über die Wildspitze ist erfahrenen Hochtourengehern mit Seil und Steigeisen vorbehalten. Eine hochalpine Gletscher-Ausrüstung ist zwingend notwendig. Auf der Normalroute ist beim Abstieg der Rettenbachferner nicht zu verfehlen. Von hier aus lässt sich die Benutzung des Tunnels kaum vermeiden, um zum benachbarten Tiefenbachferner zu gelangen. Der Tunnel ist dunkel und für Fußgänger deshalb nicht begehbar. Zweimal vormittags fährt der Linienbus in der Hauptsaison um 9.10 Uhr und 10.00 Uhr.

Ausblick auf Stubaier Alpen

Am Tiefenbachferner beginnt der neue „Panoramaweg", der 1995 eröffnet wurde und von Sölden nach Vent führt. Diese Strecke verdient ihren Namen, denn sie eröffnet immer wieder traumhafte Ausblicke auf die Stubaier und die östlichen Ötztaler Alpen. Diese Variante wird inzwischen von allen Bergschulen begangen und führt in dreieinhalb bis vier Stunden nach Vent. Das ehemalige Bergsteigerdorf am Talschluss hinter Sölden auf gut 1800 Meter Seehöhe ist inzwischen zu einem Ausflugsort geworden.

Quartier suchen

Fernwanderer haben in Vent zwei Möglichkeiten zur Wahl. Entweder sie übernachten in Vent in einem der Hotels oder Privatquartiere. Oder sie entschließen sich noch zum Aufstieg zur Martin-Busch-Hütte. Diese Alpenvereinshütte der Sektion Berlin ist in gut zwei Stunden (rund neun Kilometer)

Rast am Pitztaler Jöchl

auf einem breiten, mäßig ansteigenden Almweg zu erreichen. Im Hotel „Alt Vent“ nach der Brücke rechts kann man nachfragen, ob ein Rucksacktransport zur Hütte möglich ist. Das ist nämlich nicht immer der Fall. Dafür ist die Martin-Busch-Hütte bekannt für ihre gute Küche.

Martin-Busch-Hütte

2501 Meter

Wirte: Familie Michael und Ilse Scheiber

Vent (Sölden), DAV-Sektion Berlin

Hütte: Alpine Bergsteiger-Unterkunft, DAV-Kategorie I
Küche: Bodenständig
30 Betten, 110 Lager

Weg vom Tal: 2 Stunden

Geöffnet: Anfang März bis Mitte Mai,
Mitte Juni bis 1. Oktober
Quartierbestellung:
Telefon 0043-5254-8130, Fax 0043-5254-813050

5. TAG

Der „Ötzi“

Das älteste Zeugnis einer Alpenüberquerung ist 5300 Jahre alt und wurde am 19. September 1991 in der Nähe des Similaungletschers entdeckt. An diesem Tag querte das Bergsteigerehepaar Erika und Helmut Simon aus Nürnberg das Tisenjoch und stieß in 3200 Meter Höhe auf die mumifizierte Leiche eines Mannes, der als „Ötzi“ weltberühmt wurde. Eine vier Meter hohe Steinsäule erinnert heute noch an die Fundstelle der archäologischen Sensation.

Die beiden Deutschen hatten eine Leiche entdeckt, die bäuchlings auf einem flachen Stein lag. Auf der Similaunhütte meldeten sie dem Wirt ihren Fund. Gendarmerie und Bergrettung wurden verständigt. Da zunächst nicht klar war, ob die Fundstelle auf österreichischem oder italienischem Staatsgebiet liegt, kümmerte sich zunächst das gerichtsmedizinische Institut der Universität Innsbruck um die Bergung. Später stellte sich heraus, dass die Fundstelle 92,6 Meter jenseits der Grenzlinie in der Provinz Bozen lag. Bei der Bergung war von einer archäologischen Sensation noch nicht die Rede. Erst als auch Archäologen zu Rate gezogen wurden, lüftete sich der Schleier. Die Mumie wurde zunächst am Institut für Anatomie der Universität Innsbruck aufbewahrt, sieben Jahre später nach Bozen überführt, wo sie im Archäologiemuseum Südtirol zu besichtigen ist.

Das Ergebnis der Knochen- und Gewebeuntersuchungen war sensationell. „Ötzi“, der Mann im Eis, muss in der Zeit zwischen 3350 und 3100 vor Christus gelebt haben. Was diesen mit rund 47 Jahren damals relativ alten Mann bewogen hatte, in der Gletscherregion den Hauptkamm der Alpen zu überschreiten, blieb bisher ein Rätsel. Er hatte zwar Waffen dabei, war aber offensichtlich nicht auf der Jagd. Seiner Ausrüstung nach war das Hochgebirge für ihn keine fremde Welt.

Die Entdeckung am Similaun führte zu einem Boom der Archäologie im Raum Vent. Im Rofental und im Niedertal entdeckten die Forscher mehrere Lagerstätten, die eindeutig jungsteinzeitlichen Menschen zuzuordnen sind. Waffen und Werkzeuge lassen den Rückschluss zu, dass selbst in der Mittleren Steinzeit zwischen 8000 und 5000 vor Christus schon Jäger und Sammler in diesem Gebiet gelebt haben müssen.

6. Tag

Am „Ötzi“ vorbei ins Südtiroler Schnalstal

Kurzbeschreibung

Nach frühzeitigem Aufbruch zwei Stunden Aufstieg zur Similaunhütte (3019 m), die unterhalb der Fundstelle des „Ötzi“ liegt. Bei guten Voraussetzungen ist die Besteigung des Similaun (3606 m) möglich. Für Auf- und Abstieg benötigt man rund drei Stunden. Am Nachmittag folgt ein steiler Abstieg durch das Tisental ins Schnalstal zum Vernagt-Stausee. Der „Tisenhof“ lädt zur letzten Einkehr auf der Tour. Mit dem Bus geht es nach Meran. Stadtbummel und Übernachtung. Am nächsten Tag Rückfahrt nach Deutschland.

Gehzeit rund 4 – 5 Stunden

▲ 500m ▼ 1200m

Aufstieg zur Similaunhütte

Vent ist der Talort von Similaun, das mit der Entdeckung des „Ötzis“ weltbekannt wurde. Aus der Besitzerfamilie des Hotels Post in Vent ist der Sohn Bergführer und Wirt der Similaunhütte. Er war damals mit Reinhold Messner an der Fundstelle, die eine Stunde oberhalb der Similaunhütte am Hauslabjoch liegt. Eine Steinsäule erinnert heute noch an die Weltsensation. Die Wissenschaftler, die damals wie Goldgräber mit Sieben nach weiteren Relikten gesucht haben, sind längst abgezogen.

Von der Martin-Busch-Hütte, die man bereits am Vorabend oder erst am Vormittag des sechsten Tages erreicht hat, beginnt der zweieinhalbstündige Aufstieg zur Similaunhütte, mit 3019 Metern der höchste Punkt der sechstägigen Alpenüberquerung auf der Panoramaroute. Kurz vor der Hütte quert der Weg die Grenze nach Italien, nach Südtirol, und den Rand des Gletschers Niederjochferner. Auf der Similaunhütte reicht die Zeit für ein zweites Frühstück. Den Bergführern wird nachgesagt, dass sie diese Einkehr auch wegen der Schönheit der Wirtin so ausgiebig genießen.

Stausee funkelt wie ein Smaragd

Nach der Pause wartet ein steiler Abstieg durch felsiges Gelände, das unter Umständen vereist sein kann und deshalb äußerste Vorsicht erfordert. Nach diesem beeindruckenden Teilstück führt der Weg durch Almwiesen hinab ins Schnalstal, wo der Vernagt-Stausee in der Sonne wie ein Smaragd funkelt. Der Wanderer wird auf diesem letzten Stück der Alpenüberquerung begleitet von einem herrlichen Ausblick auf den Naturpark Texelgruppe.

Rund 20 Minuten oberhalb der Haltestelle, wo der Bus nach Meran abfährt, liegt der „Tisenhof“, ein alter Südtiroler Bauernhof mit einer sehenswürdigen Stube. In dem südländischen Klima ziehen es die meisten Alpenüberquerer allerdings vor, im Freien bei einer letzten Einkehr die Eindrücke der vergangenen Tage zu verdauen. Ein Gläschen Rotwein lässt die körperlichen Anstrengungen vergessen und ein unbeschreibliches Gefühl der Zufriedenheit macht sich breit.

Rückfahrt mit Zug oder Bus

Der Bus Vernagt–Meran ist die bequeme Variante zum Schluss. Wer Zeit hat, erreicht das Ziel auch ab Katharinaberg über den Meraner Höhenweg. In der Regel übernachten die Fernwanderergruppen ein letztes Mal in Meran, ehe sie mit dem Zug die

Heimreise antreten. Die Bahnverbindung von Meran über Bozen nach München und von dort nach Oberstdorf oder direkt nach Hause funktioniert problemlos.

Die Gruppen der Allgäuer Bergschulen lassen sich am siebten Tag von einem eigens gemieteten Bus abholen. Wer ohne Bergführer unterwegs war, kann trotzdem über die Bergschulen telefonisch erfragen, ob bei der Rückfahrt noch ein preiswerter Platz im Bus frei ist.

Die letzten Meter bis zum „Tisenhof" am Vernagt-Stausee im Schnalstal

Varianten

Die in diesem Buch beschriebene Route der Alpenüberquerung von Oberstdorf nach Meran wird von Bergführern in sechs Etappen begangen, die so aufgeteilt sind, dass sie zeitlich und konditionell ohne große Schwierigkeiten bewältigt werden können. Allerdings sind dabei auch Varianten möglich. So kann man an einem Schlechtwettertag das nächste Etappenziel auch mit Bus oder Taxi erreichen. Die Wahl eines alternativen Nachtquartiers hat zur Folge, dass sich auch die Gehzeiten ändern.

Bei der Planung von Varianten sollte man schon aus Sicherheitsgründen darauf achten, dass die einzelnen Tagesetappen nicht so lang werden. Sinnvoller wäre es, eine lange Etappe mit einer Zwischenübernachtung aufzuteilen und sich für die gesamte Alpenüberquerung einen Tag mehr Zeit zu nehmen. Zur individuellen Planung solcher Varianten hat die Alpinschule Oberstdorf einige nützliche Informationen zusammen gestellt.

Varianten 2. und 3. Tag:
Von Holzgau nach Reutte gibt es eine Linienbusverbindung und von Reutte durchgehend bis Zams. In Holzgau selbst bestehen mehrere Möglichkeiten zur Übernachtung, zum Beispiel im Gasthof Bären. Dabei ist jedoch zu beachten, dass die ohnehin schon anstrengende Etappe nach Zams am nächsten Tag um jene drei Stunden länger wird, die der Aufstieg zur Memminger Hütte in Anspruch nimmt. Eine alternative Überquerung der Lechtaler Alpen führt von Boden zur Hanauer Hütte (1922 m) oder zur Steinseehütte (2061 m) und am nächsten Tag nach Zams. Den Ausgangsort Boden (1356 m) im Lechtal erreicht man mit dem Kleinbus des Taxiunternehmens Feuerstein von Holzgau aus. Der Linienbus hält in Elmen. Der Übergang östlich an der Dremelspitze vorbei ist einfacher als der über die Seescharte bei der Memminger Hütte.

Telefon zur Quartierplanung:
Gasthof „Bären" 0043-5633-5217
Kleinbus Feuerstein 0043-5633-5633
Hanauer Hütte 0043-664-2330299
Steinseehütte 0043-664-4036451
Verkehrsamt Holzgau 0043-5633-5356

Variante 4. Tag:
Die vierte Etappe lässt sich auch mit dem Bus bewältigen, der von Imst direkt ins Pitztal fährt. Den Weg vom Inntal ins Pitztal kann man als Variante auch in zwei Tagesetappen aufteilen. Dazu nimmt man den Bus von Zams über Landeck in Richtung Reschenpass bis nach Fließ (1073 m). Dort beginnt der Aufstieg zur Larcheralm oder zur Galflunalm. Auf beiden Hütten sind Nachtlager vorhanden. Die Fortsetzung am nächsten Tag mit Ziel Braunschweiger Hütte lässt sich auch am Gletscherstüble (1891 m) unterbrechen, wo ebenfalls eine Übernachtungsmöglichkeit besteht. Vom Pitztal aus wäre es unsinnig, mit dem Bus ins Ötztal zu fahren, wie ein Blick auf die Karte unschwer erkennen lässt. Zu der hier beschriebenen Überquerung gibt es keine empfehlenswerte Alternative, da der niedrigste Übergang ins Ötztal bereits auf eine Höhe von über 3000 Meter führt.

Telefon zur Quartierplanung:
Verkehrsamt Imst 0043-5412-69100
Verkehrsamt Zams 0043-5442-63395
Larcheralm 0043-664-5100990

Variante 5. Tag:
Der Panoramaweg durch die Ötztaler Alpen ist das Herzstück der Alpenüberquerung. Auf dieses Erlebnis sollte man nicht verzichten. Wenn aus irgendwelchen Gründen dennoch eine Variante notwendig wird, nimmt man von der Skistation Rettenbachferner aus den Bus talwärts bis zur Mautstelle. Von dort führt der Fernwanderweg E 5 über die Gaislachalm ins Venter Tal. Der Weg endet an der Talstraße bei Bodenegg. Dort läuft man direkt zu einer Haltestelle und nimmt den Bus nach Vent. Dort werden im Ort mehrere Übernachtungsmöglichkeiten angeboten.

Telefon zur Quartierplanung:
Verkehrsamt Sölden 0043-5254-1500

Variante 6. Tag:
Von Vent aus führt eine Variante zu der Similaun-Überschreitung auf dem E 5 über Zwieselstein und das Timmelsjoch nach St. Leonhard und von dort mit dem Bus nach Meran.

Telefon zur Quartierplanung:
Info Meran 0039-0473-235223

Jeder Tag hat ein eigenes Gesicht

Udo Zehetleitner
Bergführer und Leiter der Bergschule Oberallgäu

Der besondere Reiz einer Alpenüberquerung liegt nicht in irgendwelchen alpinistischen Herausforderungen. Wenn die Sonne scheint und die letzten Altschneefelder weich sind, kann man die Tour als Bergwanderung ohne nennenswerte Schwierigkeiten einstufen. Die Faszination liegt darin, eine Woche lang die Natur hautnah zu spüren, ein grandioses Bergpanorama staunend zu genießen und zusammen mit den Begleitern, die in diesen Tagen zu Bergkameraden werden, den Stolz zu empfinden, eines der berühmtesten Gebirge dieser Welt überschritten zu haben. Dabei hat jeder Tag ein eigenes Gesicht, denn von Tal zu Tal verändert sich die Landschaft und auch der Menschenschlag, der dort lebt. Der Oberstdorfer ist von ganz anderem Naturell als der Südtiroler. Die Holzgauer im Lechtal sind seit Generationen eher Händler als Bauern. Ihre Weiden in den Allgäuer Alpen - zum Beispiel rund um die Kemptner Hütte - haben sie ihren deutschen Nachbarn verpachtet. Die Zammer wiederum sind fleißig wie die Schwaben. Die Leute in Zams bauen kleine Häuschen und machen keine Schulden, während die Ötztaler als geschäftstüchtige Bauern gelten, von denen viele inzwischen Hoteliers geworden sind. In Südtirol wiederum prägt das südländische Klima den Charakter der offenen und lebensfrohen Menschen.

Udo Zehetleitner

Auf den Spuren alpiner Geschichte

Bereits am ersten Gebirgskamm, den die Wanderer überqueren, wandeln sie auf historischem Boden. Vor dem 18. Jahrhundert schon war das Mädelejoch ein stark frequentierter Übergang vom Oberallgäu ins Lechtal, zwischen Bayern und Tirol. Auf diesem Saumpfad blühte der Schmuggel. Parallel zum Sperrbachtobel hinauf zur Kemptner Hütte auf der ersten Tagesetappe verlaufen ein wenig östlich der „Bettlerrücken“ und der „Schwärzgerrücken“. Auf dem breiten Grat zogen früher arme Schlucker über das Joch, um an den Alphütten um Butterschmalz zu betteln. Im Oberstdorfer Sterbebuch findet sich 1624 ein Eintrag von einem 60 Jahre alten Bettler, der tot an einer der Alphütten aufgefunden worden war. Auf dem schmalen, steilen und ausgesetzten Grat verkehrten die Schmuggler, die ihr Gesicht schwärzten, um unerkannt zu bleiben, falls ihnen mal die Zöllner zu nahe kamen.

Auf der offiziellen Route am Sperrbach entlang wanderten die Frommen, die Wallfahrer, zwischen Oberstdorf und Holzgau. Eine kleine Einschränkung muss an dieser Stelle angebracht werden: Es können nicht nur fromme Wallfahrer unterwegs gewesen sein, wie vielfältige Verwandtschaftsbeziehungen zwischen Oberstdorfern und Holzgauern vermuten lassen. Der alte Brauch ist in den vergangenen Jahren wieder belebt worden. Am ersten Sonntag im Juli ziehen die Oberstdorfer nach Holzgau, am letzten Sonntag im August die Holzgauer nach Oberstdorf. Zum Gedenken wurde auf halber Strecke zwischen Spielmannsau und der Kemptner Hütte die alte Wallfahrerkapelle renoviert.

Wohlhabende Gemeinde

Holzgau selbst hat eine sehr wechselvolle Geschichte hinter sich. Zwischen den beiden Weltkriegen waren die Lechtaler so arm, dass sie ihre Kinder schon ab dem Alter von acht bis zehn Jahren nach Deutschland schickten, um dort den Sommer über zu arbeiten. Die „Schwabenkinder“, die am Bodensee bei der Obsternte halfen oder im Allgäu beim Heuen, sind auf beiden Seiten der Grenze noch in lebhafter Erinnerung.
Dabei war Holzgau im 19. Jahrhundert eine überaus wohlhabende Gemeinde. Einige ihrer Bürger waren nach Amsterdam und New York aus-

gewandert und hatten dort Karriere gemacht. Holzgauer betrieben in Holland eigene Reedereien und Handelshäuser. Freskenverzierungen an den Bürgerhäusern im Lechtal zeugen heute noch vom Reichtum früherer Tage. Die Pfarrkirche Mariä Himmelfahrt war dank dieser Gönner ebenfalls üppig ausgestattet, bis sie 1985 von Kirchendieben ausgeräumt wurde.

Vor dem Ersten Weltkrieg hat sich in Holzgau ein Engländer ein Denkmal gesetzt. Frederick R. Simms, ein Großindustrieller aus London, hatte sich von Kaiser Franz Josef das Jagdrevier in Holzgau empfehlen lassen. Das Dorf wurde zu seiner zweiten Heimat. Der Wasserfall oberhalb des Ortes ist nach ihm benannt. Denn dieser Engländer hatte Felsen sprengen lassen, um den Lauf des Baches zu verändern und diese Kaskade entstehen zu lassen. Dieses neue Naturschauspiel, so erzählt man in Holzgau, war nach dem Ersten Weltkrieg auch die Keimzelle des Fremdenverkehrs im Ort. Ein Bauer aus Vorderhornbach soll ein Kalb verkauft haben, um Prospekte drucken zu lassen, die er über das Mädelejoch geschmuggelt und in den Städten wie Augsburg und München verteilt haben soll.

Schafzucht seit Jahrhunderten

Auf eine ähnlich interessante Geschichte blickt auch das Bergsteigerdorf Vent im Ötztal zurück. Der Name wird von „Firn“ abgeleitet, denn der Ort liegt auf 1900 Meter am Fuße der Wildspitze, des mit 3774 Meter höchsten Bergs in Tirol. Bis in die Anfänge des 15. Jahrhunderts zurück reicht die Tradition der Schafzucht in diesem Teil der Alpen. Bauern aus dem Schnalstal, das heute zu Italien gehört, hatten damals zu wenig Weidefläche für ihre Tiere, die wertvolle Wolle lieferten. Sie schlossen 1415 einen Weiderechtsvertrag mit ihren Nachbarn aus Vent, in dem sie sich das Weiderecht von Mitte Juni bis Mitte September sicherten. Die einst von 26 Schnalser Bauern gegründete „Interessenschaft“ wird noch heute von 21 Familien mit Stolz betrieben. Als nach dem Ersten Weltkrieg 1919 die Staatsgrenze gezogen wurde und Südtirol Italien zugeschlagen wurde, blieben die Weiderechte unberührt. Allerdings wachten seitdem die Gendarmerie, die Landestierärzte und die Finanzwache über den Schaftrieb zwischen Schnals und Vent. Seit dem EU-Beitritt Österreichs ist die Bürokratie auf dem Rückmarsch. Noch heute werden jedes Jahr über 2000 Schafe von Vernagt über das Niederjoch an der Similaunhütte vorbei ins Niedertal getrieben, das zum Ötztal gehört. Früher waren in den Sommermonaten zwei Hirten beschäftigt, heute ist es nur noch einer, der die Herde betreut. Nach dem Sammeln der Schafe bei der Martin-Busch-Hütte ist der Abtrieb Mitte September zurück nach Vernagt dort Anlass für ein großes Fest. Jedes Jahr wird vor dem Auf- und Abtrieb in der Pfarrkirche „Unser Frau“ im Schnalstal eine Messe gehalten, um für die Treiber und die Tiere zu beten.

Der „Gletscherpfarrer“

In Vent und im benachbarten Schnalstal hat aber nicht nur die Schafzucht Tradition, sondern auch das Bergsteigen. In Vent wirkte von 1860 bis 1872 der „Gletscherpfarrer“ Franz Senn, ein vor Leidenschaft glühender Pionier des Alpinismus. Sein Pfarrhaus war ein Stützpunkt für Bergsteiger. Er veranlasste den Bau von Wegen und Schutzhütten. Franz Senn war 1862 eines der ersten Mitglieder des Österreichischen Alpenvereins und maßgeblich an der Gründung des Deutschen Alpenvereins beteiligt. Bevor er 1872 als Pfarrer nach Nauders und 1881 nach Neustift versetzt wurde, hatte er sich bis über beide Ohren verschuldet, um den nach ihm benannten Weg von Rofen ins Schnalstal zu finanzieren. Die Tilgung der Schulden in Höhe von 3000 Gulden belastete ihn bis ans Lebensende.
Nach Franz Senn benannt wurden zum Gedenken an den „Gletscherpfarrer“ die von ihm angeregte und 1885 fertig gestellte „Franz-Senn-Hütte“ im Oberbergtal bei Neustift (2148 m) und der „Sennkogel“ (3400 m) südwestlich von Vent.

Handy für den Notruf

Das Handy hat sich bei Bergtouren schon oft als Lebensretter erwiesen. Bei Notfällen im gesamten Alpenraum lautet die einheitliche Notrufnummer 112. Diese Verbindung läuft zur nächsten Polizeidienststelle oder Rettungszentrale auf.

In Grenzregionen hat man mit der Auswahl des Netzbetreibers einen Einfluss darauf, aus welchem Land die Einsatzkräfte anrücken. Das kann aus Gründen der Abwicklung und der Kosten wichtig sein.

Vorbereitung

Die Alpenüberquerung ist ein Unternehmen, das gründliche Vorbereitung verlangt. Das beginnt schon bei der Urlaubsplanung. Im Idealfall nutzt man ganz kurzfristig eine anhaltende Schönwetterperiode zum Aufbruch. In den Wochen von Anfang Juli bis Mitte September ist wenigstens die Chance nicht schlecht, von Dauerregen oder gar Schneefall verschont zu bleiben. Auf jeden Fall aber muss die Ausrüstung auf schlechtes Wetter abgestimmt sein.

Ganz wichtig ist die körperliche Vorbereitung auf einen sechstägigen Fußmarsch mit insgesamt rund 4600 Höhenmetern Aufstieg. Bergführer raten zu einem gezielten Training (Seite 10) mit Ausdauersportarten wie Joggen oder Radfahren.

Die Ausrüstung muss sich auf das Notwendigste beschränken. Jedes Kilo Gewicht im Rucksack dämpft die Freude an der Tour. Beim Packen hilft vielleicht der Gedanke, dass die Körperhygiene an diesen sechs Tagen zwangsläufig hinter dem häuslichen Standard zurückbleibt. Auf den Hütten gibt es in der Regel keine Duschen. Frische Kleidung zum täglichen Wechsel ist ein Luxus, der im Gebirge bald zur unerträglichen Last wird. Auch der Proviant kann zum Gewichtsproblem werden, wenn man an der falschen Stelle spart. Getränke oder Schokoriegel zum Beispiel sind unterwegs in den Läden im Tal oder auf den Hütten nur unwesentlich teurer als daheim im Supermarkt. Vor allem die Getränke stellen ein beträchtliches Gewicht dar.

Nachfüllbare Trinkflaschen sind allemal besser als abgepackte Säfte. Ein wenig Mühe erfordert auch die Planung von An- und Abreise sowie der Aufstieg am ersten Tag. Autofahrer benötigen im „autofreien" Oberstdorf einen Dauerparkplatz (Info Seite 5). Bahnfahrkarten und Sitzplätze lassen sich reservieren. Der Ablauf des ersten Tages will durchdacht sein. Nach einer langen Anreise ist es vielleicht besser, sich vom Taxi nach Spielmannsau bringen zu lassen, um den Aufstieg zur Kemptner Hütte auf das Mindestmaß von zwei bis drei Stunden zu beschränken. Am Wochenende sind die Alpenüberquerer auf dieser Route weitaus in der Minderheit. Die Nachtquartiere auf der Hütte sind auch von anderen Bergsteigern begehrt, die sich auf die Allgäuer Alpen beschränken. Gerade hier ist eine vorherige Reservierung dringend zu empfehlen.

Allgemeine Wetterzeichen

Abends

- Sonnenuntergang glutrot, wolkenfrei ➛ stabile Schönwetterlage
- Sonnenuntergang verfärbt mit Wolken ➛ baldige Wetterverschlechterung
- Hochnebelbildung im Winter/Herbst ➛ stabile Schönwetterlage

Nachts

- ruhige Sterne, gute Sicht ➛ stabiles Wetter
- flimmernde Sterne, evtl. dunstig ➛ baldige Wetterverschlechterung
- Mondhof ➛ Wetterumschlag

Morgens

- drückende Schwüle, aufdringliche Insekten ➛ Gewittergefahr
- Morgenrot und Wolken aus West bis Nordwest ➛ baldige Wetterverschlechterung

Tagsüber

- außergewöhnliche Fernsicht mit extrem blauem Himmel ➛ labile Wetterlage, evtl, Sturm und Niederschläge
- Himmelsfarbe wechselt von blau nach grau, dunstig: ➛ Wetterverschlechterung

Sicherheit

Die Überquerung mehrerer Gebirgszüge und des Hauptkammes der Alpen ist kein Spaziergang. Allerdings ist es auch eine Gratwanderung, in diesem Kapitel auf alpine Gefahren und auf die Sicherheit einzugehen. Einerseits ist die Alpenüberquerung bei guten Verhältnissen eine eher leichte Bergwanderung, deren Schwierigkeit allenfalls in der täglichen Wegstrecke von rund sieben Stunden Gehzeit liegt. Andererseits ist der Mensch im Gebirge der Natur oft hilflos ausgeliefert, vor allem bei schlechtem Wetter. Die folgenden Hinweise auf Risiken und Gefahren sollen beileibe nicht abschrecken, sondern nur zur Vorsicht mahnen. Es ist ein guter Ratschlag, der Natur im Gebirge mit Respekt und auch mit Ehrfurcht zu begegnen.

Die größte Unwägbarkeit in den Bergen ist das Wetter. Selbst wenn über ganz Mitteleuropa eine stabile Hochdruckzone liegt, herrscht in den Alpen ein Mikroklima, das sich urplötzlich mit Hagel, Blitz und Donner bemerkbar machen kann. Aus völlig heiterem Himmel selten, aber bei wechselhaftem Wetter durchaus nicht ungewöhnlich ist Schneefall mitten im Sommer. Zur oft zitierten „alpinen Erfahrung“ gehört deshalb vor allem die Einschätzung der lokalen Wetterlage (siehe auch die folgenden Seiten).

Regen einfach aussitzen

Bei schlechtem Wetter sind die Alpen mit besonderer Vorsicht zu genießen. Im extremen Fall wäre sogar zum Abbruch der Tour zu raten oder dazu, den Schlechtwettereinbruch auf einer Hütte auszusitzen. Wo diese Grenze liegt, muss jeder für sich selbst entscheiden. Deutlich überschritten ist sie bei erheblichem Neuschnee mit großen Orientierungsproblemen und einer erheblichen Lawinengefahr.

Selbst Regen verändert die Begehbarkeit der Wege im Hochgebirge. Sogar auf breiten, ausgetretenen Pfaden werden die Steine glitschig, die Rutschgefahr steigt. Das mag in einem Stadtpark nicht sonderlich riskant sein, wohl aber im Gebirge. Selbst wenn der Ausrutscher keinen Absturz, sondern nur eine Knöchelverletzung zur Folge hat, bedeutet dies, auf Hilfe angewiesen zu sein, die Bergrettung rufen zu müssen mit all den Konsequenzen, die solch ein Einsatz mit sich bringt.

Gewitter sind im Gebirge weitaus gefährlicher als im Flachland. Wer schon einmal an einem Gipfelkreuz gestanden ist und erlebt hat, wie als Folge der Aufladung in der Luft den umstehenden Menschen die Haare senkrecht zu Berge stehen und knistern, der weiß, wie das gemeint ist. Alle Metallgegenstände, ob Sicherungsseile, Ausrüstung oder Gipfelkreuze, ziehen Blitze an. Auch Wasserläufe sollte man meiden und nicht die Nähe von Bäumen suchen. Blitze suchen sich den kürzesten Weg zur Entladung. Deshalb bieten sich Mulden und Überhänge als Schutz an.

Umkehr kann vernünftig sein

Schneefall ist im Hochgebirge deshalb so tückisch, weil er innerhalb kürzester Zeit die Orientierung erschwert und eine Lawinengefahr herauf beschwört, von der Kälte und den Folgen für den Körper ganz abgesehen. Im Notfall ist dringend zu raten, auf den eigenen Spuren umzukehren, statt sich in unwegsames Gelände zu verlaufen und einen Absturz zu riskieren. Eine Umkehr ist unter solchen Umständen kein Zeichen von Schwäche, sondern von bergsteigerischer Vernunft. Um solche kritischen Situationen zu vermeiden, ist es ratsam, den lokalen Wetterbericht zu beachten und den Ratschlägen den Hüttenwirte zu folgen.

Wetter

Wie oft hat man sich schon über die falschen Prognosen der Meteorologen im Radio und im Fernsehen geärgert, wie oft schon seine Freizeit deshalb falsch geplant. Wenn die Profis schon so viele Fehler machen, wie soll dann der Laie die Wetterentwicklung in seinem begrenzten Umfeld abschätzen können? Und dennoch: Die Menschen, die im Gebirge leben und wirtschaften, erkundigen sich nach der Großwetterlage und stellen aufgrund ihrer eigenen Beobachtungen eine Prognose, die erstaunlich oft ins Schwarze trifft.

Viele Wetterzeichen sind für jedermann zu erkennen und zu deuten. Das gilt vor allem für unmittelbar bevorstehende Wechsel. Bergwanderer, die dafür ein Auge haben, können Vorsorge treffen und gefahrenträchtige Situationen vermeiden.
Bei der Alpenüberquerung reichen die Gipfel bis in jene Höhen, wo das Wetter entsteht. Die entscheidenden Einflussgrößen sind der Wind und die Temperaturen. In den seltensten Fällen entstehen ein Gewitter oder Neuschnee aus heiterem Himmel. Meist sind Wolken und eine Änderung des Luftdrucks die Vorboten.

Luftdruck beobachten

Mit einem Höhenmesser lassen sich auch Veränderungen des Luftdrucks feststellen. Viele Bergsteiger sind mit solchen Geräten ausgerüstet. Zur Einstellung wählt man Höhenangaben, wie sie zum Beispiel auf Schildern an einer Hütte abzulesen sind. Zuverlässige Angaben liefert auch die Karte von markanten Standorten wie etwa einem Gipfel, einem Joch oder Talort. Wird nun der nächste Standort mit einer kontrollierbaren Höhenangabe auf dem Gerät zu niedrig angezeigt, ist der Luftdruck gestiegen. Steigt er schnell um etwa ein bis zwei Millibar pro Stunde, deutet dies auf ein unbeständiges Zwischenhoch hin. Steigt er langsam um 0,25 bis 0,5 Millibar pro Stunde, ist dies ein Zeichen für ein aufkommendes, stabiles Hoch. Wird der Standort zu hoch angezeigt, fällt der Luftdruck. Fällt er schnell um ein bis zwei Millibar pro Stunde, kündigt sich ein Wettersturz mit Wind und Gewitter an. Fällt er langsam um 0,25 bis 0,5 Millibar pro Stunde, deutet dies auf ein aufkommendes stabiles Tief hin.

Ein wichtiger Indikator ist auch der Wind. Ein plötzlich drehender und kräftiger werdender Wind bedeutet meistens einen rapiden Wetterwechsel. Dabei gilt in aller Regel: Wind aus West bis Nord bringt Feuchtigkeit und Kälte, Wind aus Ost bis Süd bringt Trockenheit und Wärme. Dabei ist zu beachten, dass im Gebirge auch lokale Winde vorherrschen, die von den Temperaturunterschieden zwischen Berg und Tal hervorgerufen werden. Am frühen Vormittag bläst ein Talwind bergauf, am späten Nachmittag ein Bergwind den Hang hinab.

Vorsicht bei raschem Wechsel

Haufen- und Federwolken sind die interessantesten Wetterzeichen. Haufenwolken, die sich vormittags bilden und rasch wieder auflösen, sind Zeichen für eine stabile Schönwetterlage. Haufenwolken, die beständig wachsen und am Oberrand ausfransen, deuten auf einen Wettersturz und ein Gewitter hin. Auch Federwolken, die langsam driften und sich wieder auflösen, zeigen eine stabile Schönwetterlage. Wenn sie sich zu einer einheitlichen Wolkenschicht verdichten, steht ein Schlechtwettereinbruch bevor. Eine Warmfront zieht auf mit meist längeren Niederschlägen. Federwolken, die zusammen mit Haufenwolken schnell aufziehen, deuten auf eine Kaltfront aus Nordwest mit Niederschlägen und Gewitter hin.

Ausrüstung

Bei der Ausrüstung von Wanderern und Bergsteigern hat sich in den vergangenen Jahren sehr zur Freude der Bergwacht Qualität und Vernunft durchgesetzt. Die Turnschuh-Touristen sind nahezu ausgestorben. Um sich während der sechstägigen Tour rundum wohl zu fühlen und nichts Wesentliches zu entbehren, sollte man beim Packen des Rucksacks auch auf andere wichtige Details achten.
Bei der Bekleidung gilt der Grundsatz: Mehrere dünne Schichten sind besser als eine dicke. Am besten rollt man die Bekleidung auf und verstaut sie in Plastikbeuteln vor Regen geschützt im Rucksack. Der Rucksack selbst sollte nicht schwerer als acht bis zehn Kilogramm sein. Je leichter der Rucksack, umso größer ist die Freude während der Tour. Ein Fachmann im Sportgeschäft gibt gern den guten Rat, dass der Rucksack nicht an den Schultern hängen, sondern an der Hüfte aufsitzen sollte. Die Schultergurte verleihen nur die Stabilität.

Dosen zu schwer

Bei der Verpflegung unbedingt daran denken, dass unterwegs niemand verhungern muss, aber jede Portion zusätzliches Gewicht bedeutet. Das gilt auch für Getränkedosen. Besser sind nachfüllbare Trinkflaschen mit Elektrolytgetränken in Tablettenform.

Die nachfolgende Liste enthält den Mindestbedarf. Aber viel mehr sollte es auch nicht sein.

Ausrüstung für sechs Tage Alpenüberquerung

Tagsüber

Rucksack
Dem Rücken gut anliegend, etwa 35 bis 45 Liter fassend, mit gepolsterten Hüfttrageriemen; zudem eine Regenhülle

Bergschuhe
Knöchelhohe, feste Bergschuhe mit guter Profilgummisohle

Strümpfe
Am besten Funktionssocken mit gepolstertem Fußteil

Unterwäsche
Funktionswäsche aus Kunstfaser, die den Schweiß weiterleitet, oder aus Schurwolle

Berghose
Lange Trekkinghose mit genügend Bewegungsfreiheit, aus leichtem Stretch- oder Funktionsmaterial

Pullover
aus Fleecematerial (oder Jacke/ Weste, eventuell mit Windstopper)

Regenschutz
Anorak und Hose aus Gore Tex bzw. ähnlichem Material oder einen Regenponcho (eventuell auch leichten Bergsteiger-Schirm mitnehmen, weil man darunter weniger schwitzt)

Mütze und Handschuhe
Falls es einmal kalt wird

Teleskop-Stöcke
Zur Entlastung der Knie bei langen Abstiegen

Trinkflasche
Aus Kunststoff oder Alu (mit Isolierbeutel oder Thermosflasche)

Sonnenbrille
Mindestens 98% UV-Strahlen-Absorbierung

Sonnencreme
Ab Schutzfaktor 10 und Lippenschutz

Sonnenhut oder Schildmütze

Verpflegung
Für zwischendurch Dörrobst, Müsliriegel, Fruchtschnitten oder Schokolade

Getränke
Teebeutel, Getränkepulver, bewährt haben sich Elektrolytgetränke in Tablettenform

Personalausweis
Bei der Tour überquert man zwei Staatsgrenzen

Für die Hütte

Leichte Bekleidung
Leichte Hose und Oberteil, Hüttenschuhe oder leichte Turnschuhe

Hüttenschlafsack
Aus leichtem Leinen oder Seide

Oropax
Für evtl. zu laute Mitschläfer

Waschzeug
Proben verwenden

Taschenlampe
Möglichst klein und leicht

Im *sl-Verlag* sind außerdem erschienen:

Klaus Schlösser

Allgäuer Hüttenführer

Touren zu 39 Hütten in den Allgäuer Alpen und im Tannheimer Tal. Infos und Karten für die Planung.

Neuauflage jährlich
ISBN 3-9806935-0-3

Klaus Schlösser

Hüttenwirte erzählen

Lustige Anekdoten und Geschichten, die sich um die Berghütten im Allgäu und im Tannheimer Tal ranken.

Neuauflage 1999
ISBN 3-9806935-2-X

Schlösser / Noichl

Allgäuer Gipfelbuch

Anekdoten und Geschichten über die Gipfel der Allgäuer Alpen. Deutung der Bergnamen, alpine Historie.

Neuauflage 2000
ISBN 3-9806935-3-8

Schlösser / Karcz

Allgäu-Trilogie

CD-ROM mit dem Inhalt der drei Bücher: Allgäuer Hüttenführer, Allgäuer Gipfelbuch und Hüttenwirte erzählen. Panoramablicke, Geschichten, Landschaften und Karten.

ISBN 3-9806935-6-2

Schlösser / Vogler

Service-Mann

Das praktische Handbuch für den Ski-Service. Standardwerk über Präparierung & Tuning in Hobbykeller und Profiwerkstatt

ISBN 3-9806307-0-6